Mancala, le jeu national d'Afrique

Stewart Culin

Writat

Cette édition parue en 2023

ISBN : 9789359251646

Publié par
Writat
email : info@writat.com

MANCALA, LE JEU NATIONAL D'AFRIQUE. [1]

Par STEWART CULIN ,

Directeur du Musée d' Archéologie et de Paléontologie , Université de Pennsylvanie .

[1] Lu devant l'Oriental Club de Philadelphie, le 10 mai 1894.

L'étude comparative des jeux promet une contribution importante à l'histoire de la culture. Les questions liées à leur diffusion sur la terre sont parmi les plus vitales qui déconcertent l'ethnologue. Leurs origines se perdent dans l'histoire non écrite de l'enfance de l'homme. Le mancala est un jeu remarquable par sa répartition particulière, qui semble marquer les limites de la culture arabe, et qui vient de pénétrer sur notre propre continent après avoir servi pendant des siècles à divertir les habitants de près de la moitié de la surface habitée du globe.

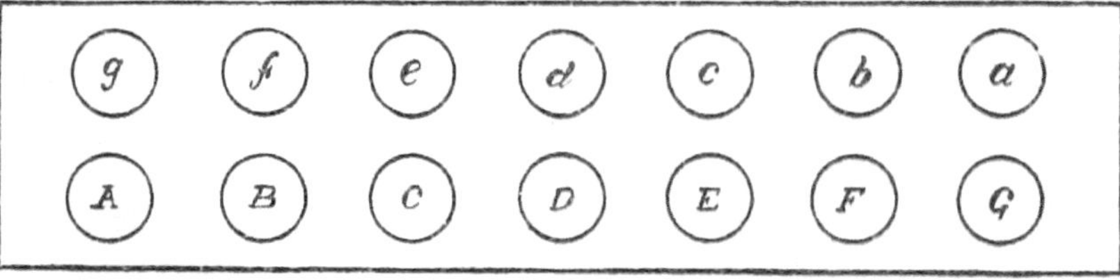

Figure 1.
MANCALA .
D'après une figure de Lane.

Le visiteur de la petite colonie syrienne de la rue Washington à New York trouvera souvent deux hommes occupés à ce jeu. Ils l'appellent Mancala. Les outils sont une planche avec deux rangées de dépressions en forme de coupe et une poignée ou deux de cailloux ou de coquillages, qu'ils transfèrent d'un trou à l'autre avec beaucoup de rapidité. Un garçon de Damas m'a décrit les méthodes de jeu. Il y a deux manières principales, qui dépendent de la manière dont les pièces sont distribuées au début de la partie. Deux personnes s'engagent toujours et quatre-vingt-dix-huit cauris (wada) ou cailloux (hajdar) sont utilisés. Un jeu s'appelle La'b madjnuni , ou le « jeu fou ». Les joueurs s'assoient avec le plateau placé dans le sens de la longueur entre eux. On distribue les pièces dans les quatorze trous, appelés bute , « maisons », au moins deux étant placées dans un trou. Ce joueur prend ensuite toutes les pièces du trou à droite de sa rangée, fig. 1 , G , appelé el ras , « la tête », et les laisse tomber un à la fois dans les trous du côté opposé, en commençant par a , b , c , et ainsi de suite. S'il en reste après en avoir mis un dans chacun des trous du côté opposé, il continue sur sa propre rangée A , B

, C . Lorsqu'il a laissé tomber sa dernière pièce, il prend toutes les pièces dans ce trou et continue de les laisser tomber comme avant. Ceci est fait jusqu'à ce que l'une des deux choses suivantes se produise : sa dernière pièce tombe dans un trou vide, lorsqu'il s'arrête et que son adversaire joue, ou elle tombe dans un trou contenant une ou trois pièces, en complétant deux ou quatre. Dans ce cas, il prend les deux ou quatre pièces avec celles du trou opposé, et si un ou plusieurs des trous qui suivent en contiennent deux ou quatre sans l'intervention d'un trou avec un autre numéro, il prend leur contenu avec ceux en face. Le deuxième joueur prend du trou g , et répartit ses pièces autour de A , B , C . Si la tête est vide, le joueur prend sur le trou le plus proche de sa rangée. Lorsque le plateau est vidé, chaque joueur compte le nombre qu'il possède au-dessus de son adversaire comme ses gains. Aucune habileté n'est nécessaire ni utile dans ce jeu, le résultat étant une certitude mathématique, selon la manière dont les pièces ont été distribuées au début. Laboratoire hakimi , le « jeu rationnel », ou La'b akila , le « jeu intelligent », est ainsi appelé par opposition au précédent. Le succès dépend en grande partie de l'habileté des joueurs. Dans ce jeu, il est d'usage en Syrie de mettre sept pièces dans chaque trou. Les joueurs, au lieu de commencer par le trou à leur droite, peuvent choisir n'importe quel trou de leur côté du plateau comme point de départ. Ils calculent le trou dans lequel tombera le dernier morceau, et le résultat dépend en grande partie de ce calcul. Laboratoire rosëya est une variété du premier jeu et est joué uniquement par les enfants. Sept cauris sont placés dans chaque trou et le premier joueur gagne invariablement. Mon ami syrien m'a dit que les obus utilisés dans le jeu provenaient des rives de la mer Rouge. Le mancala est un jeu courant dans les cafés syriens. Les enfants jouent fréquemment à ce jeu dans des trous pratiqués dans le sol lorsqu'ils ne disposent pas de planche, un dispositif auquel ont également recours les voyageurs qui se croisent en chemin.

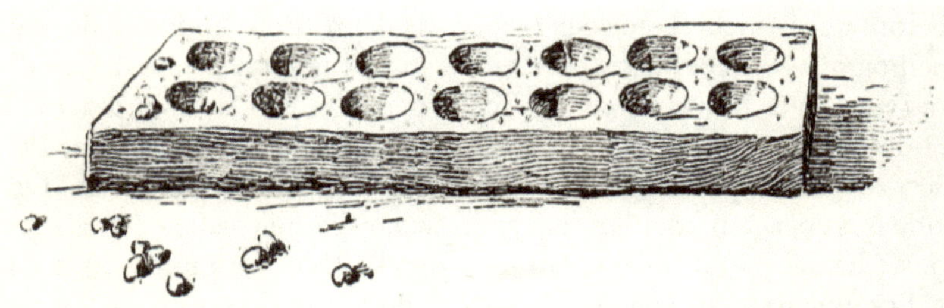

Figure 2.
CONSEIL MANCALA.
Jérusalem.Cat. N° 15296, Musée d' archéologie et de paléontologie ,
Université de Pennsylvanie.

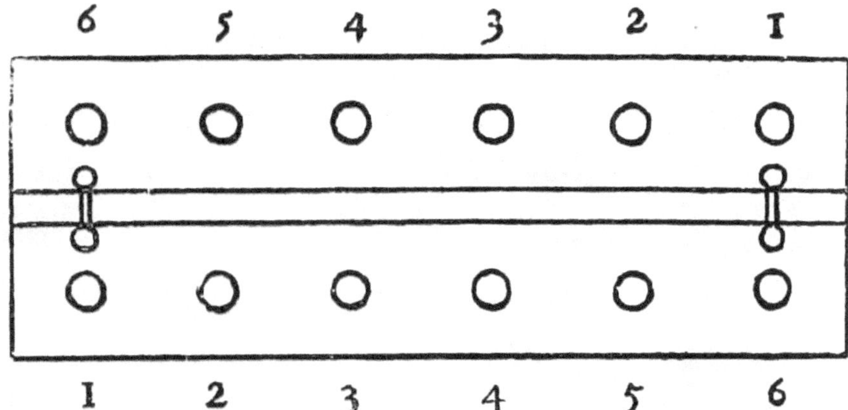

Figure 3.
CONSEIL MANCALA.
D'après une figure de Hyde.

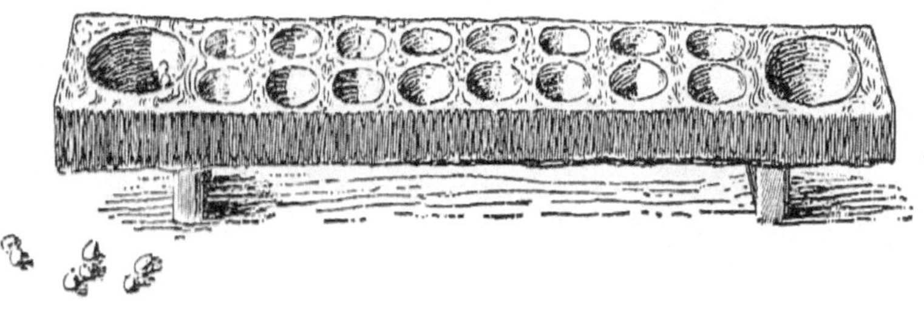

4.
CONSEIL POUR NARANJ (MANCALA). ÎLES
Maldives .
Chat. N° 16380, Musée d' archéologie et de paléontologie , Université de
Pennsylvanie.

PLANCHE 1.

FILLES TURQUES JOUANT AU MANCALA.

D'après une ancienne impression.

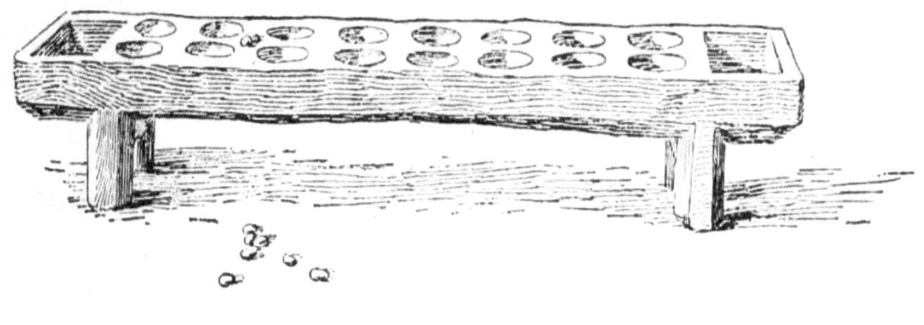

5.
CONSEIL POUR NARANJ (MANCALA). ÎLES
Maldives .
Chat. N° 16379, Musée d' archéologie et de paléontologie , Université de
Pennsylvanie.

Une planche du Musée d' Archéologie de l'Université de Pennsylvanie, à
Jérusalem, est représentée sur la fig. 2 , et un de Beyrouth, Syrie, en pl. 2, fig.
1.

Mancala, le nom que les Syriens donnent à ce jeu, est un mot arabe courant
et signifie à cet égard le « jeu du transfert ». Il n'est pas mentionné dans le
Coran sous ce nom, mais devait être connu des Arabes au Moyen Âge,
comme l'indique le commentaire du Kitab al Aghani, le « Livre des Cantiques
», qui parle d'un « jeu comme Mancala.

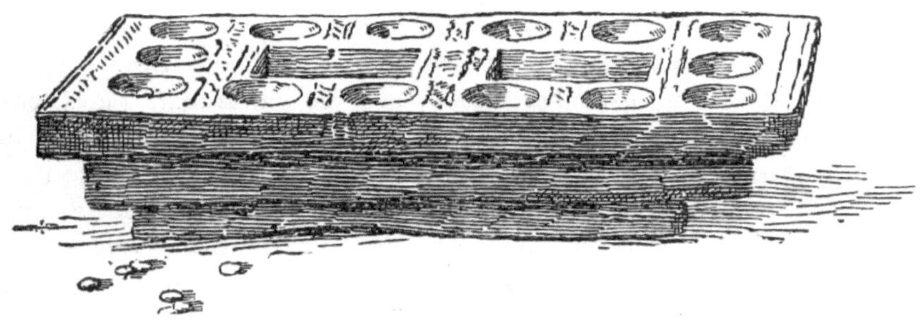

6.
PLANCHE POUR CHANKA (MANCALA).
Ceylan.Cat. N° 16381, Musée d' archéologie et de paléontologie , Université
de Pennsylvanie.

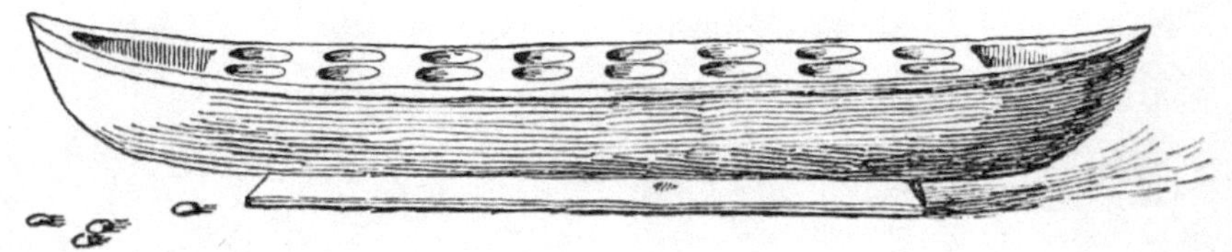

7.

CONSEIL POUR CHONGKAK (MANCALA).

Johore, péninsule malaise. Chat. N° 16382, Musée d' archéologie et de
paléontologie , Université de Pennsylvanie.

Le Dr Thomas Hyde en a donné un très bon compte rendu il y a deux cents
ans dans son traité « De Ludis Orientalibus » (voir <u>fig. 3</u>), et Lane, dans ses
« Manners and Customs of the Modern Egypts », le décrit de manière très
complète comme étant joué au Caire sur un échiquier à douze trous, tout à
fait de la manière que j'ai racontée. Soixante-douze coquillages ou cailloux y
sont utilisés, et, qu'ils soient coquillages ou cailloux, sont indifféremment
appelés hasa . Les trous hémisphériques de la planche sont appelés buyoot ,
pluriel de beyt . Le score du jeu est de soixante, et lorsque les gains successifs
d'un joueur s'élèvent à la somme qu'il a gagnée. J'ai vite découvert que je
n'avais rien appris de ma connaissance syrienne qui n'ait été enregistré, mais
en visitant la maison de Damas dans le village turc lors de l'exposition
colombienne de Chicago, j'ai pu m'engager dans le jeu avec les Syriens et j'ai
été impressionné. avec la répartition particulière du jeu dans le monde.
L'exposition de Ceylan contenait des planches provenant des Maldives avec
seize trous répartis sur deux rangées parallèles, avec un grand trou à chaque
extrémité. (Fig. <u>4</u> et <u>5.</u>) Ici, le jeu s'appelle Naranj . Les planches de la même
exposition provenant de Ceylan comportaient quatorze trous avec deux
grandes cavités centrales (<u>fig. 6</u>), le jeu étant appelé Chanka . Un gentleman
indien m'a informé que ce jeu était courant à Bombay. Son Altesse le Sultan
de Johore a exposé une planche en forme de bateau à seize trous (<u>fig. 7</u>)
sous le nom de Chongkak . J'appris aussi que ce jeu était courant à Java, ainsi
qu'aux îles Philippines, où l'on utilise également un plateau en forme de
bateau à seize trous (<u>pl. 2, fig. 2</u>), le jeu étant appelé Chungcajon . Il
semblerait donc que le jeu s'étende sur toute la côte asiatique jusqu'aux îles
Philippines. Le mancala et une sorte de jeux de dames étaient les
divertissements favoris des nègres de la colonie française du Bénin, sur la
côte ouest de l'Afrique, dans le soi-disant village du Dahomey à la Foire
colombienne. Ils jouaient sur un plateau en forme de bateau, comportant
douze trous sur deux rangées, qu'ils appelaient adjito , avec des cailloux, adji
, le jeu lui-même étant appelé Madji . C'est avec le continent africain que le
jeu de Mancala semble le plus étroitement identifié. On peut le considérer,
pour ainsi dire, comme le jeu national africain. Dans l'exposition de l'État du
Libéria à Chicago, il n'y avait pas moins de onze planches, comprenant trois

formes différentes, censées provenir des Deys , Veys , Pesseh , Gedibo et Queah . (Fig. 8 , 9 et 10.) Ils ont été catalogués sous le nom de Poo, nom sous lequel le gibier est connu des Libériens civilisés. Le gibier est en effet réparti entre les tribus africaines de l'est à l'ouest et du nord au sud. En Nubie, où l'on utilise une planche à seize trous, elle est connue sous le nom de Mungala .

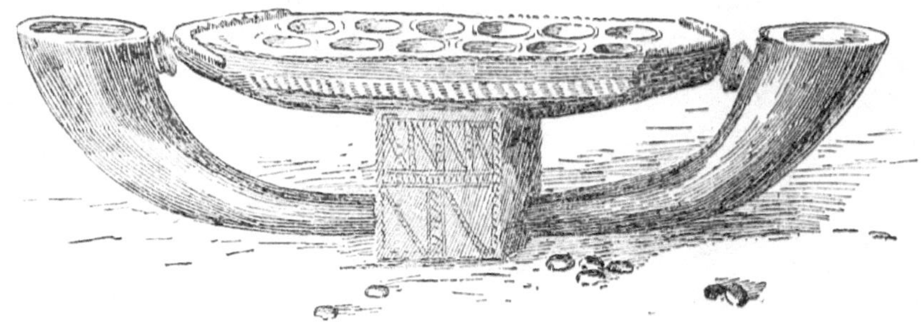

8.
PLANCHE POUR Caca (MANCALA).
Exposition libérienne, Exposition colombienne mondiale.

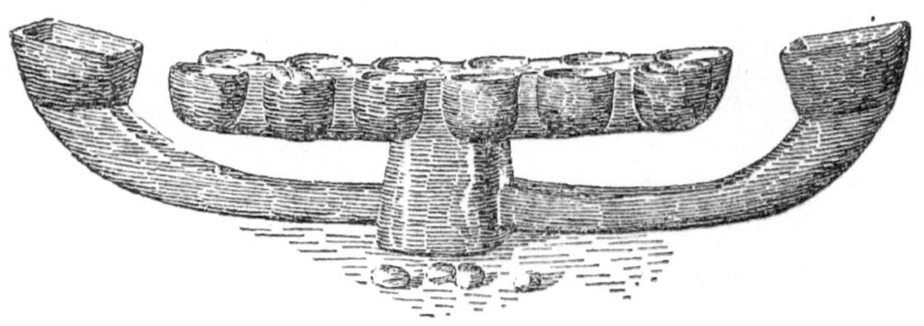

9.
PLANCHE POUR Caca (MANCALA).
Exposition libérienne, Exposition colombienne mondiale.

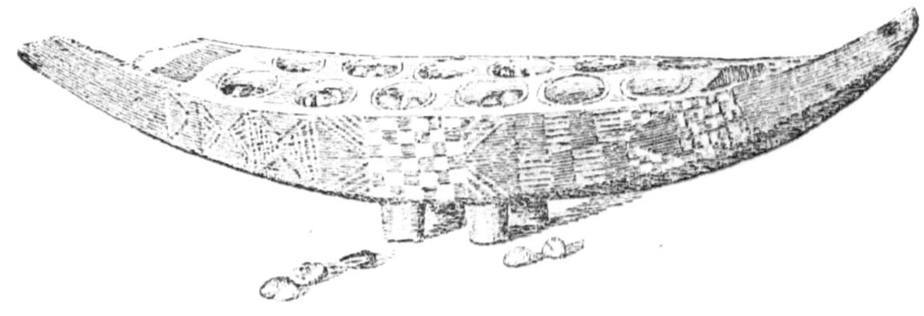

10.
CONSEIL POUR CACA (MANCALA).
Exposition libérienne, Exposition colombienne mondiale.

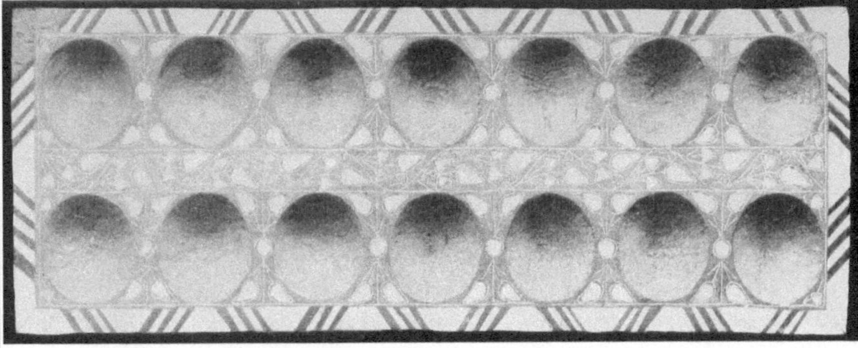

FIGURE 1.— CONSEIL MANCALA.
Beyrouth, Syrie.Cat. N° 164700, USNM

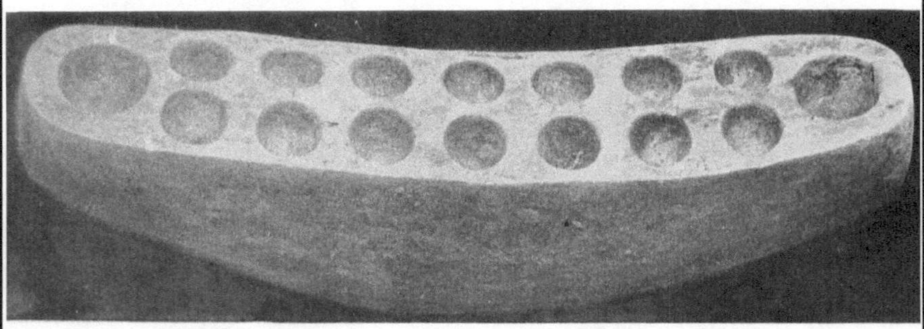

FIGURE 2.— CONSEIL POUR CHUNCAJON (MANCALA).
Îles Philippines. Collecté par Alexander R. Webb. Chat. N° 154195, USNM

Fig. 11.
CONSEIL POUR GABATTÀ (MANCALA).
Abyssinie. D'après un personnage de la « Ville sacrée des Éthiopiens », par JT Bent.

Dans le récit de l'ambassade portugaise d'Alvarez en Abyssinie (1520-1527), il est fait référence au « Mancal » comme à un jeu inconnu, désuet sous le règne de Don Manuel. Bent l'a récemment décrit comme existant encore en Abyssinie sous le nom de Gabattà . [2] (Fig. 11.) Le Dr George Schweinfurth déclare qu'il est joué par les Niam-Niam et est constamment joué par tous les habitants de tout le district de Gazelle, bien que peut-être pas connu des Moubuttoo . Le Niam-Niam appelez la planche, qui comporte seize cavités, dont deux à l'extrémité pour la réception des cauris, Abangah , (fig. 12) et le nom Bongo de la planche est Toee . Il dit aussi qu'on le retrouve chez les Peulhs , les Fous , les Toloofs et les Mandingues du pays du Sénégal, qui consacrent une grande partie de leur temps à cet amusement. Rohlfs l'a trouvé chez les Kadje , entre le Tsad et la Bénoué. [3] On le retrouve également chez les Biafren et les Kimbunda . Héli Chatelain, qui a vécu quelque temps en Angola, m'a décrit le jeu sous le nom de Mbau , et m'a dit que des cavités sont creusées dans la roche pour ce jeu aux gares où s'arrêtent les porteurs. Une planche qu'il a récupérée à Elmina, maintenant au Musée national des États-Unis, à Washington, DC, comporte douze trous sur deux rangées, avec de grands trous aux extrémités. (Pl. 3.)

[2] Parlant des paysans de Sallaba , il dit : « Ces peuples primitifs sont de parfaits artistes en bouse de vache. Avec ce matériau, ils fabriquent de grandes jarres pour conserver leur grain, des gobelets et des planches pour le jeu universel, que les classes supérieures fabriquent en bois. J'en ai emporté un avec moi pour montrer combien ce jeu est universel parmi les Abyssins,

depuis le chef jusqu'au paysan, et il est parvenu au British Museum sans interruption. Ce jeu s'appelle Gabattà , et les planches de bois fabriquées par la meilleure classe contiennent dix-huit trous, neuf pour chaque personne. Il y a trois boules, appelées chachtma , pour chaque trou, et le jeu se joue par une série de passes, qui nous ont semblé très compliquées, et que nous n'avons pas pu apprendre ; les trous qu'ils appellent leurs toukouls , ou cabanes, et ils en sont très excités. Il ressemble beaucoup au jeu que nous avons vu jouer par les nègres du Mashonaland, et on le retrouve généralement sous une forme ou une autre dans les pays où l'influence arabe s'est fait sentir à un moment ou à un autre. (« La Ville sacrée des Éthiopiens », Londres, 1873, pp. 72-73.)

[3] Richard Andrée, « Ethnographische Parallèle », nouveau folge , Leipzig, 1889, p. 102.

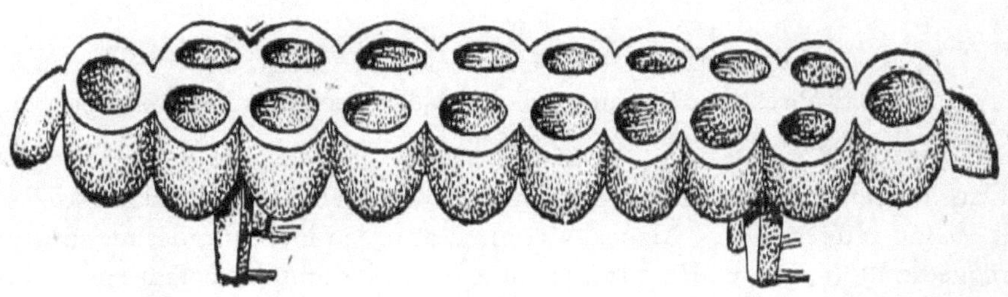

Fig. 12.
CONSEIL POUR ABANGAH (MANCALA) UTILISÉ PAR LE NIAM-NIAM.
D'après une figure de "Artes Africanæ ", de George Schweinfurth .

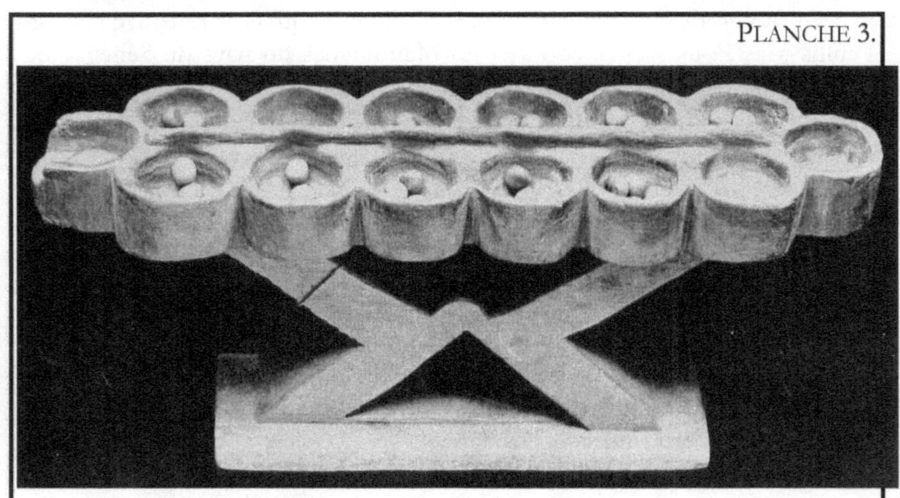

PLANCHES MANCALA.

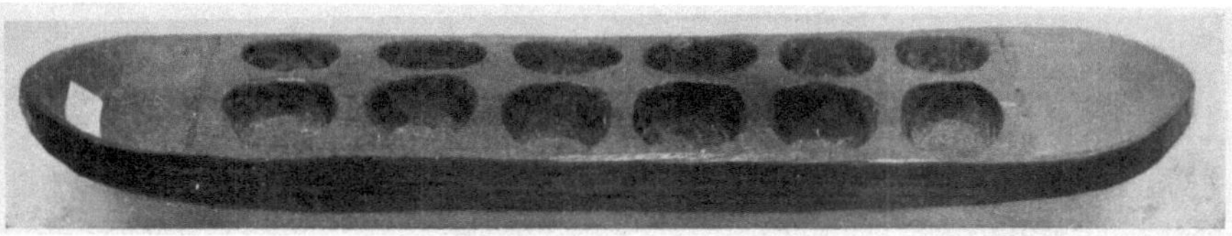

FIG. 1.— CONSEIL POUR KALE (MANCALA).
Chutes du fleuve Gabon , Afrique.
Chat. N° 164869. USNM

FIG. 2.— CONSEIL ÓCHI POUR BAU (MANCALA).
Mont Kilima-njaro , Afrique.
Recueilli par le Dr WL Abbott. Chat. N° 181805, USNM

Parmi les fans du fleuve Gaboon , le jeu est appelé Kale, [4] d'après la graine en forme de haricot utilisée pour compter. (Fig. 13 et pl. 4, fig. 1.) Une autre planche du Musée national des États-Unis, collectionnée par ce voyageur aventureux, le Dr WL Abbott, de la tribu Wa Chaga du mont Kilima-njaro , comporte vingt-six trous disposés en quatre rangées de six chacune, avec deux grands trous aux extrémités. (Pl. 4, fig. 2.) Il le décrit dans son catalogue, publié par la Smithsonian Institution, sous le nom d' Óchi , utilisé pour jouer au Bau , un jeu courant dans toute l'Afrique, et dit qu'il se joue avec des graines de nickel et cailloux. Bent, dans ses « Villes en ruine du Mashonaland », donne le récit suivant du jeu : « Des arbres immenses abritaient l'entrée de leur village, sous lesquels des hommes jouaient à l'Isafuba, le jeu mystérieux des Makalangas, à soixante trous , en rangées , dans le sol. Dix hommes peuvent jouer à ce jeu, et il consiste à déplacer des morceaux de poterie ou de pierre d'un trou à un autre d'une manière inexplicable. Nous l'avons regardé des dizaines de fois lorsque nous étions dans le pays, et y avons toujours renoncé comme étant un mauvais travail, décidant que cela devait être comme les dames ou les échecs appris par eux auprès de l'ancienne race civilisée qui habitait ici. Il identifie ensuite Isafuba avec les jeux de Wari joués sur la côte ouest de l'Afrique.

[4] Le collectionneur, le révérend AC Good, donne le récit suivant du jeu : « Deux joueurs s'assoient sur des côtés opposés du plateau, et quatre pions sont placés dans chacune des douze cases. Ensuite, un joueur sort les pions d'une poche de son côté et en laisse tomber un dans chaque poche aussi loin que possible, en allant à droite et en arrière du côté de son adversaire dans la direction opposée à celle dans laquelle les aiguilles de l' horloge se déplacer. Ils se déplacent ainsi alternativement jusqu'à ce que l'un parvienne à faire tomber son dernier pion dans une poche du côté de son adversaire, où il n'y avait qu'un ou deux pions. Lorsqu'il l'a fait, il a gagné tous les pions de cette poche, y compris son propre dernier pion. Il les transfère dans le réceptacle situé à l'extrémité du plateau à sa droite. Un seul pion pris dans la dernière poche à droite du joueur ne peut pas gagner dans la première poche adverse, même s'il ne contient qu'un ou deux pions. Lorsqu'une poche a accumulé douze pions ou plus, de sorte qu'un joueur revienne à son point de départ, il doit sauter la poche d'où il est parti. Lorsqu'il reste si peu de jetons dans la poche du plateau qu'il n'est plus possible d'en gagner, le jeu est terminé et chacun compte ses gains. Les pions qui restent sur le plateau à la fin de la partie ne sont comptés par aucun des deux joueurs. Le jeu est parfois varié ainsi : lorsqu'un pion gagne comme ci-dessus, non seulement le contenu de cette poche est gagné, mais aussi la ou les poches avant elle du côté de l'adversaire qui n'ont contenu qu'un ou deux pions jusqu'à ce qu'un soit atteint. a été vide ou avait trois compteurs ou plus avant le jeu. Ce dernier jeu est plutôt le meilleur des deux. Les Fans ne jouent pas habilement à ces Jeux. Ils semblent incapables de compter à l'avance pour voir où se situera le dernier décompte. Un homme blanc, dès qu'il comprendra le jeu, les battra à chaque fois. »

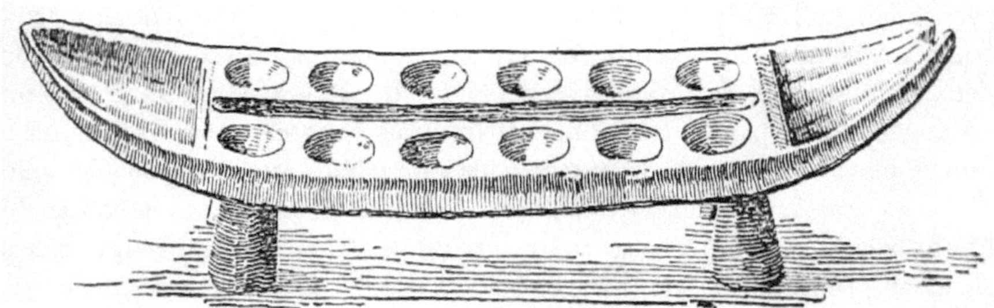

Fig. 13.
CONSEIL POUR LE CHOU FRISÉ (MANCALA). FLEUVE
Gabon , Afrique.

D'après un spécimen conservé au Musée d' archéologie et de paléontologie de l'Université de Pennsylvanie.

Prince Momolu Massaquoi , fils du roi de la tribu Vei, m'a décrit la manière de jouer au jeu chez les Vei. Ils appellent le jeu Kpo , un mot ayant un son explosif ressemblant à une note du xylophone, imitant le bruit que font les graines ou les boules d'ivoire avec lesquelles le jeu se joue lorsqu'elles sont lancées dans les trous du plateau. Les planches, constituées de douze trous répartis sur deux rangées, avec de grands trous aux extrémités, portent le même nom. Les planches utilisées par les chefs sont souvent très coûteuses, étant en ivoire et ornées d'or. Il avait vu des planches qui coûtaient 20 esclaves. Les trous dans les planches sont appelés kpo sing ou kpo kungo , kungo signifiant « tasse ». Le jeu est généralement joué avec des haricots marins, qui poussent sur des vignes comme la pomme de terre sur la côte ouest, ou par les chefs avec les boules d'ivoire mentionnées plus haut. Ces graines sont appelées kpo kunje , kunje signifiant « graine ». Il a identifié un plateau provenant du fleuve Gabon comme étant approprié pour le jeu, bien qu'il ait déclaré que des plateaux beaucoup plus élaborés, comme ceux de l'exposition libérienne, étaient courants. La dépression au milieu du plateau en provenance du fleuve Gabon est destinée à attraper les pièces qui ne tombent pas dans le trou auquel elles sont destinées. La tricherie est pratiquée, et pour s'en prémunir, les joueurs doivent lever les bras et jeter les pièces sur l'échiquier avec une certaine violence. Deux, trois ou quatre jouent. Le jeu diffère quelque peu de celui joué en Syrie et en Égypte. Un joueur peut commencer par n'importe quel trou de son côté. Son jeu se termine lorsque les pièces prises en premier sont jouées. Il gagne lorsque le nombre du dernier trou passe à deux ou à trois. Il ne prend pas ceux qui sont dans le trou d'en face. Quand on joue à deux, quatre haricots sont mis dans chaque trou, mais quand on joue à trois ou quatre, trois haricots sont mis dans chaque trou. Quand on joue à deux, les pièces sont larguées dans la même direction que dans le jeu syrien, mais quand on joue à trois ou quatre, elles peuvent être lâchées dans les deux sens. Quand deux joueurs jouent, chaque joueur prend un côté du plateau ; quand trois jouent, chacun prend quatre trous, deux de chaque côté, divisant transversalement le plateau en trois parties, et quand quatre jouent, chacun prend trois trous. Quand deux joueurs jouent, un gagnant ne prend que ce qu'il « tue » (fá) ; mais quand trois ou quatre joueurs jouent, quand quelqu'un complète deux ou trois trous dans un trou par son jeu, il fait avancer ceux du trou suivant. Lorsqu'un homme prend une pièce avec une pièce à côté, il utilise ses doigts pour presser les pièces dans sa main, l'opération étant appelée « presser » (boti), mais cela ne peut être fait que lorsque l'une des pièces est dans l'une des pièces. les propres coupes du joueur et l'une ou les deux autres dans celle d'un adversaire. Les joueurs sont assis les jambes croisées sur le sol et, lorsque les chefs jouent, un grand nombre de personnes se rassemblent souvent pour les observer. J'ai donné assez longuement le récit du prince Momolu , car plusieurs voyageurs africains ont déclaré que le jeu était incompréhensible pour un homme blanc.

Le Dr Schweinfurth considère les Nubiens musulmans comme ayant reçu le Mancala de leur foyer d'origine en Afrique centrale, et dit que la récurrence d'un objet, même insignifiant car il s'agit d'une preuve , à un degré indirect et collatéral, de l'unité essentielle qui sous-tend toute l'Afrique. nations. M. Bent dit à juste titre que le jeu se retrouve sous une forme ou une autre partout où l'influence arabe se fait sentir, mais il poursuit en affirmant qu'il constitue pour nous un autre maillon dans la chaîne de preuves reliant les ruines du Mashonaland à une influence arabe. Le Dr Richard Andrée, dans son ouvrage bien connu sur les Parallèles Ethnologiques [5] , dans lequel il a rassemblé de nombreux récits sur le jeu, dit qu'il considère sa progression d'ouest en est, de l'Asie jusqu'à la côte de l'Atlantique. Cet avis, je le partage. Peterman raconte que le Mancala se joue à Damas avec des cailloux que les pèlerins ramassent dans une certaine vallée en venant de La Mecque. D'après la mention relativement précoce du jeu dans la littérature arabe et la conservation de son nom arabe en Afrique, l'Arabie semble être la source à partir de laquelle il a été diffusé. Mahomet a proscrit le jeu Meiser ; et les jeux de hasard, bien qu'ils soient joués, sont considérés par les mahométans comme interdits par leur religion. Mancala, jeu de destin ou de calcul, semble être considéré avec tolérance, et il n'est pas déraisonnable de supposer que sa large diffusion est due au fait qu'il a été transporté par des pèlerins de retour dans les différentes parties du monde musulman. Si nous acceptons cette théorie de sa distribution, nous nous trouvons encore face à la question plus difficile de son origine. Ceci, je le crains, ne peut pas être déterminé directement et ne sera sûrement connu que lorsque nous parviendrons à une meilleure connaissance des règles ou des lois qui sont à la base du développement des jeux, comme c'est le cas pour toutes les autres phases du développement de la culture humaine.

[5] « Ethnographe Parallen », nouveau folge , Leipzig, 1889, p. 101.

PLANCHE 5.

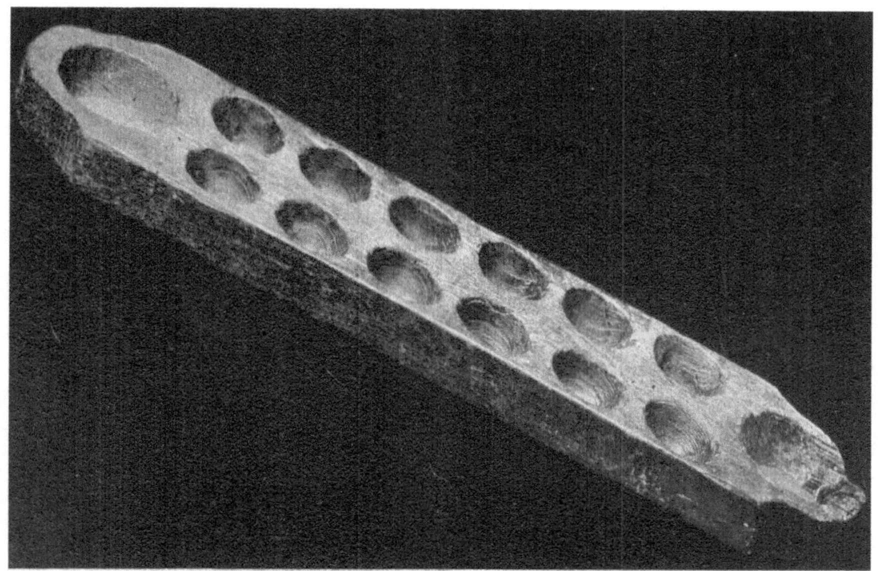

J'ai appris récemment que le Mancala est un amusement commun des nègres de Saint-Domingue, qui jouent sur des planches creusées de trous. Un plateau conservé au Musée national des États-Unis (pl. 5) a été collectionné par le révérend F. Gardiner, jr., à Sainte-Lucie, où les nègres jouent à ce jeu sous le nom de Wa -wee. [6]

[6] M. Gardiner écrit dans une lettre au Dr G. Brown Goode datée du 2 mai 1895 : « Le jeu de Wa -wee a été acheté à Sainte-Lucie, mais je l'ai trouvé également utilisé à la Barbade et à la Martinique. parmi les nègres. D'après ce que j'ai pu savoir, ils pensaient que c'était très ancien et qu'il venait de leurs pères. J'ai supposé que cela venait d'Afrique ; mais personne ne semblait rien savoir. C'est un jeu de hasard régulier. En ce qui concerne la méthode de jeu, il déclare : « D'aussi loin que je me souvienne, chacun des petits trous latéraux contient un nombre donné de haricots, chaque homme prenant un côté et un grand trou comme objectif. Les haricots sont pris d'un trou dans la main et déposés dans un certain ordre dans les autres trous, en parcourant tout le cercle. Si le dernier tombe dans un trou contenant un certain nombre de haricots (je ne me souviens plus du nombre), il ramasse ce lot et continue son chemin. Le but est d'atterrir le plus de haricots qui vous appartiennent et ceux de votre adversaire dans les trous du fond.

Il n'est pas improbable que Mancala puisse un jour prendre sa place parmi nos propres divertissements au coin du feu, lorsque ce récit pourra répondre à certaines questions qui pourraient être posées sur son histoire.

Depuis que ce qui précède a été écrit, j'ai appris que le jeu de Mancala a été publié aux États-Unis en 1891, sous le nom de Chuba, par la Milton Bradley Company, de Springfield, Massachusetts, qui fournit les règles et le récit suivants du jeu. :

Chuba est une adaptation d'un jeu grossier d'Afrique de l'Est très apprécié des indigènes, qui s'accroupissent sur le sol et jouent dans des trous creusés dans le sable, utilisant des coquillages, des jeunes noix de coco, etc., comme pions, d'où ils se déplacent. trou à trou. Tel qu'il est aujourd'hui présenté au monde civilisé pour son divertissement, Chuba est un jeu d'adresse pour deux joueurs. Il est composé d'une planche comportant 4 rangées parallèles de trous ou de poches, 11 dans chaque rangée, et de 60 petites perles servant de bonhommes ou de pions. [Voir fig. 14.].

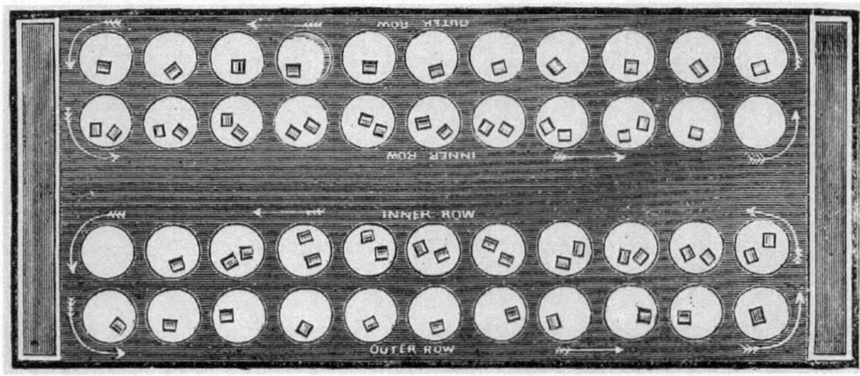

14.

CHUBA.

Position des hommes à l'ouverture du match.

Le plateau est placé entre les joueurs comme d'habitude, les côtés les plus longs étant à côté d'eux. Chacun limite son jeu aux deux rangées de poches les plus proches de lui. La rangée proche de son bord du plateau est sa rangée extérieure, tandis que l'autre est sa rangée intérieure.

Avant de commencer la partie, chaque joueur place un seul pion dans chacune des poches de sa rangée extérieure et deux pions dans chaque poche de sa rangée intérieure, sauf que la poche à son extrême gauche dans la rangée intérieure reste vacante et celle à côté de il ne contient qu'un seul homme. Le schéma ci-dessus montre la disposition du plateau à l'ouverture de la partie. Comme l'indiquent les flèches, tous les mouvements de la rangée intérieure se font de droite à gauche, et ceux de la rangée extérieure de gauche à droite.

Lorsque les joueurs se font face, les mouvements dans les deux rangées intérieures se font nécessairement dans des directions opposées.

Le privilège de jouer le premier lors de la première partie est laissé à l'accord ou au hasard et n'est pas considéré comme ayant aucune conséquence. Dans les parties suivantes, le joueur vainqueur du dernier combat prend la tête.

Le premier joueur choisit n'importe quelle poche de sa rangée intérieure qui contient plus d'un pion à partir duquel commencer son premier coup, et commence la partie en ramassant tous les pions dans cette poche et en en déposant un dans chacune des poches consécutives. laissé jusqu'à ce que tous les hommes dans sa main aient été distribués. Si le dernier pion tombe dans une poche occupée, le joueur continue le mouvement en ramassant tous les hommes dans cette poche, y compris celui laissé tomber, et en s'en débarrassant comme auparavant. Son mouvement doit continuer de la même manière jusqu'à ce que le dernier pion qu'il ait en main tombe dans une poche vide, et le mouvement peut s'étendre autour du parcours, dans la rangée extérieure, ou même plus loin, comme l'indiquent les flèches.

Si cette poche vide dans laquelle tombe le dernier pion se trouve dans la rangée intérieure et a en face d'elle une poche dans la rangée intérieure adverse contenant un ou plusieurs pions, le joueur capture ces pions et les retire aussitôt du plateau. Et s'il y a un ou plusieurs hommes dans la poche opposée correspondante de la rangée extérieure adverse, ils doivent également être pris. De plus, il doit sélectionner une autre paire de poches opposées dans les rangées de son adversaire pour retirer tous les hommes qu'elles contiennent. En faisant ce choix, il est libre de choisir n'importe quelle paire d'opposés, que les deux soient occupés ou vides, ou que l'un soit occupé et l'autre vide. Le schéma ci-joint expliquera la signification de cette règle. [Voir fig. 15.]

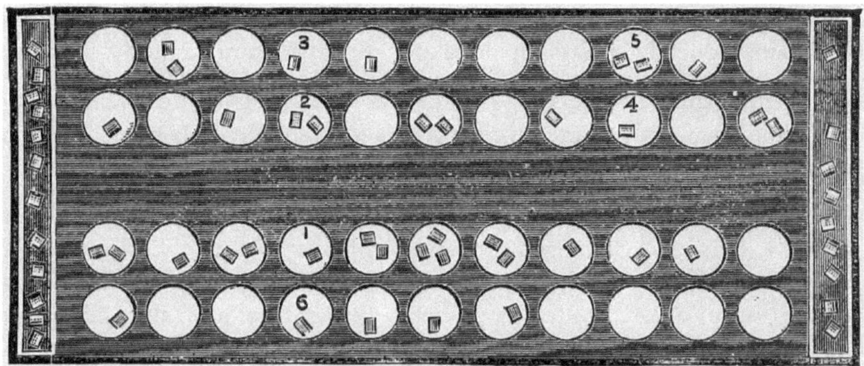

15.

CHUBA.

Supposons que le joueur B vient de terminer un coup en laissant tomber un « dernier homme » dans le n° 1. Il peut capturer tous les hommes en 2 et 3 par son habileté et également en 4 et 5 ou depuis n'importe quelle autre poche opposée de son adversaire. rangées intérieures et extérieures. Cependant, si 2 postes avaient été vacants, il n'aurait pu prendre aucun homme. Si le 3 avait été vacant, il aurait pu prendre les hommes du 2 et ceux du 4 et du 5. Si son dernier homme était tombé dans la rangée extérieure, en 6 par exemple, l'effet n'aurait servi à rien pour capturer quoi que ce soit, car la rangée extérieure la rangée est toujours non combattante.

Un homme de la rangée extérieure ne peut pas être déplacé tant qu'il n'a pas été attaqué par un homme de la rangée intérieure.

Un coup ne peut pas commencer à partir d'une poche contenant un seul pion si le joueur possède une poche contenant plus d'un pion. Lorsqu'un coup commence à partir d'une poche contenant un seul pion, il ne peut pas être joué dans une poche occupée.

Lorsque tous les pions d'un joueur sont devenus célibataires, ceux qui restent dans sa rangée extérieure et sur lesquels on n'a pas joué sont perdus au profit de l'adversaire.

Le gagnant est le joueur qui capture tous les hommes de son adversaire.

C'est un avantage pour un joueur de faire en sorte que ses pions soient choisis le plus tôt possible, à moins qu'il ne s'aperçoive que son adversaire fait la même chose, alors qu'une politique différente est judicieuse.

S'il souhaite couvrir deux ou trois espaces vacants afin d' effectuer une capture, cela peut souvent être fait, à condition qu'il commence son mouvement suffisamment en arrière de ces poches vacantes.

La perte de pions au début du jeu n'est pas nécessairement un désavantage aussi important que dans la plupart des jeux, car beaucoup dépend du coup final, dans lequel il y a la possibilité d'une brillante démonstration d'habileté.

Les joueurs natifs du Chuba original disent « chee » à la fin de chaque coup, ce qui indique à l'adversaire de continuer ; et vers la fin de la partie, lorsque les mouvements se succèdent rapidement, l'effet est très amusant.

Les indigènes appellent les compteurs de la rangée intérieure « homme et femme », et ceux de la rangée extérieure « filles ». Mais ces filles se marient en passant un pion sur elles depuis la rangée intérieure, jusqu'à ce que, dans la progression du jeu, toutes les pièces deviennent uniques, alors elles sont toutes appelées « veuves ». Ces veuves ont un double avantage sur les familles mariées et ne manqueront pas de faire des ravages parmi elles. Le jeu porte bien son nom, car le mot chuba signifie « éteindre » ou « manger », et le but de chaque joueur est d'anéantir son adversaire en plaçant les pions de ce dernier dans une position d'où il est impossible de s'échapper.